大家小小书
篆刻　程方平

中国历史小丛书

新编历史小丛书

新编历史小丛书·人物

郭守敬

薄树人 著

北京出版集团
文津出版社
贵州出版集团
贵州人民出版社

导 言

孙小淳

读者眼前的这本小册子，是已故著名中国天文学史家薄树人先生（1934—1997年）撰写的我国元代伟大天文学家、水利学家郭守敬（1231—1316年）的小传。虽然写于半个多世纪以前，而且只用了不到2万字，却是对郭守敬生平和科学活动的准确而生动的叙述，今天读来，仍然趣味盎然，郭守敬聪明多才、极具创造力的古代科学家形象跃然纸上，给我们带来启发。

如果要列举一下中国古代科学家的名字，郭守敬应当首屈一指。郭守敬1231年生于顺德邢台（今河北省邢台市）。他自幼受祖父郭荣的影响，熟知天文、数学和水利。18岁时，祖父送他到紫金山中，跟随当时北方名士刘秉忠学习天文历法、数学、地理等学问。1262年，经刘秉忠、张文谦举荐，郭守敬觐见忽必烈，提出了兴修水利的六项工程，得到忽必烈的重视和赏识，任都水少监。1279年，南宋灭亡，元王朝统一中国，设太史院，在大都建立司天台，王恂任太史令，郭守敬任同知太史院事。1280年完成《授时历》。1286年，任太史令。此后虽然有其他任职，但一直兼任太史院事，直到1316年去世。

郭守敬一生经历的正是蒙古灭金，元宋更替的文明大融合的时代。正是这样的一个时代，才使得郭守敬能够发挥他的聪明才智，秉承中国天文学深厚的传统，受外来思想的激发，驰骋想象，勇于创新，做出了举世瞩目的天文学成就。

郭守敬的天文学贡献首先是在天文仪器制作方面。他一生创制了22种天文仪器，绝大多数都是前所未有的创造。简仪是一种崭新的天体位置测量仪器，克服了传统浑仪环圈繁多、运转不便、遮蔽天体的缺点，其安装方式等同于现代望远镜的赤道式安装，所不同的就是当时的窥管还没有使用望远镜镜片。简仪还使用了滚动轴承，这在世界上是首创。他开创了天文仪器大型化的先河。他把传统的圭表高度从8尺增至4丈，大大提高了影长的测量精度，准确确定了冬至点的时刻，为制定精良的历法奠定了观测基础。

郭守敬与王恂合作制定的《授时历》使中国古代历法达到了一个高峰。清代阮元在《畴人传》中说，《授时历》是自汉以来，“为术七十余家，莫之伦比也”。其采用的天文常数达到了前所未有的精度。回归年长度采用的是365.2425日，与现行的公历完全相同。他定的黄赤交角度数也与现代计算误差极小。500年后，法国天文学家拉普拉斯（1749—1827年）就采用了郭守敬的测定值来验证他的天体力学理论中关于黄赤交角缓慢变小的观点。《授时历》在天文计算方法上也有许多创新，用三次内插法计算日、月、五星运动，用类似球面三角的方法进行黄道—赤道坐标系统的换算。

在天文测量方面，他组织了所谓的“四海测验”，派出多支天文大地测量队伍，东至朝鲜，西抵川滇，北及西伯利亚，南至越南，进行北极出地高度、晷影和昼夜时刻测量。他亲自率领人员从南海至北海，选取27个地点测量，测量得出各地的北极高度的平均误差为0.35度。这样规模的子午线大地测量，在当时世界上是绝无仅有的。在恒星测量方面，郭守敬不仅测量了传统的比较明亮的恒星，而且测量了很多不太亮的恒星和传统中没有星名的小星。从某种意义上来说，这是“深空”观测的开端。我们现在建造越来越大的望远镜，就是为了看到更远、更暗的天体。

郭守敬在天文学研究上展现出一种可贵的科学精神，就是精于实测、富于积累、敢于创新、挑战当时最重大的天文学问题，进行永无止境的探索。制定精良的历法需要准确的冬至点时刻。郭守敬为了解决这个问题而发明的仪器有：高表、窥几和景符。为确定冬至时刻，郭守敬在三年的时间里在冬至日前后进行了200多次影长测量。他确定的冬至时刻与实际冬至时刻之差在1

刻以下，这在古代已经是非常了不起的成就。但是郭守敬并不满足，在完成《授时历》之后，他花了很多时间，做所谓的“候气”实验。按照当时的宇宙论，宇宙是有音律的，二十四节气是天地之气的节律。真正的冬至时刻必须是宇宙之气达到了一种状态，与冬至的律管“黄钟”共鸣。“候气”实验就是为了确定那真正的时间原点，探索当时最根本的宇宙学问题，其科学探索的境界可以说是无比崇高的。在这个意义上，它与今天用大望远镜寻找暗物质、暗能量，探索宇宙的起源，有异曲同工之妙。

郭守敬的天文学成就对当时的世界，特别是对东亚国家产生了重大的影响。《授时历》一经颁布就被朝鲜接受，在朝鲜实际行用了近400年。李朝在世宗时期（1418—1450年）大量引进中国天文学知识，模仿制造郭守敬的天文仪器，并有许多重要发明，如自击漏。

郭守敬在水利方面的成就本书中也有很好的叙述，这里不再介绍。对郭守敬作为这中国古代最杰出的科学家之一，我们今天无论如何评价都不为过。英国著名科学史家李约瑟说："对于广泛用于现代望远镜的赤道装置而言，郭守敬的简仪是当之无愧的先驱。"我国著名天文学家王绶琯说："中国天文学在同时代天文成就中占据的高度，至今还没有超过郭守敬曾攀登到的高峰。"1970年，国际天文学联合会命名月球的一座环形山为“郭守敬”。1978年，又将第2012号小行星命名为“郭守敬”。2009年，中国科学院国家天文台把我国最大、最先进的“大天区面积多目标光纤光谱天文望远镜（LAMOST）”正式命名为“郭守敬望远镜”。郭守敬的天文学成就，如同一座巍峨的历史灯塔，指引着中国天文学的未来。

以上是再读薄树人先生《郭守敬》的心得体会，忝作再版导言。

2016年10月15日 于北京

目　　录

一、勤奋学习的少年

我国元朝大科学家郭守敬生于1231年（元太宗三年、金哀宗正大八年），家乡在今河北省邢台县。

邢台地方本来属宋朝，1128年（宋高宗建炎二年）被金朝夺去，到1220年（金宣宗兴定四年）又被后来建立元朝的蒙古贵族占领。所以郭守敬是在元朝统治时期出生的。后来元朝在1234年灭金，到1279年又灭了宋，统一中国，郭守敬也逐渐成长为一位杰出的科学家。

早些时候，金朝北边的蒙古人还过着游牧的生活，处在奴隶社会阶段。那时他们在金朝北方一带骚扰，进行的战争具有极大的掠夺性和破坏性。当地的农田水利遭到了严重的破坏，人口大量减少，生产急剧下降。这种状况对于元朝的建立统治是十分不利的。以元世祖为首的蒙古统治集团觉察了这一点，于是在华北地区封建势力代表人物的支持下，逐步进行了一些改革，改变了一些野蛮的杀掠方式，实行了一些鼓励农桑增产的措施。因此，在元世祖的时代，华北一带的农业生产才逐渐恢复起来。农业生产必须适应天时，农田排灌需要水利建设，于是对天文历法和水利工程的研究，就成为迫切的要求。同时，国家统一了，中外交通范围比以前扩大了，更给科学技术的发展提供了新的因素。因此，元朝的天文学和水利学，在金、宋两朝的基础上，有了进一步的发展。郭守敬正是在这个时期，在这两门科学方面做出了许多贡献。

郭守敬父亲的名字，从现有的历史记载中已查不出来。他的祖父倒还留下名字，叫郭荣。郭荣是金元之际一位颇有名望的学者。他精通五经，熟知天文、算学，擅长水利技术。郭守敬就是在他祖父的教养下成长起来的。

老祖父一面教郭守敬读书，一面也领着他去观察自然现象，体验实际生活。郭守敬自小就喜欢自己动手制作各种器具。有人说他是“生来就有奇特的秉性，从小不贪玩耍”。其实，由于他把心思用到制作器具上，所以就不想玩耍了。

郭守敬在十五六岁的时候就显露出了科学才能。那时他得到了一幅“莲花漏图”。他对图样做了精细的研究，居然摸清了制作方法。

莲花漏是一种计时器，是北宋科学家燕肃在古代漏壶的基础上改进创制的。这器具由好几个部分组合而成。上面有几个漏水的水壶。这几个水壶的水面高度经常不变。水面高度不变，往下漏水的速度也就保持均匀。水流速度保持均匀了，那就在一定时间内漏下的水量一定不变，不会忽多忽少。这样，就可以从漏下的水量指示出时间来了。燕肃留下的莲花漏图，就画着这样的一整套器具。

制造这套器具的原理不很浅显。燕肃所画的图，构造也不很简单。仅仅依据一幅图就想掌握莲花漏的制造方法和原理，对一般成年学者来说也还不是一件容易的事情。年纪才十几岁的郭守敬却居然把它弄得一清二楚，这就足以证明郭守敬确是一个能够刻苦钻研的少年。

在邢台县的北郊，有一座石桥。金元战争的时候，这座桥被破坏了，桥身陷在泥淖里。日子一久，竟没有人说得清它的所在了。郭守敬查勘了河道上下游的地形，对旧桥基就有了一个估计。根据他的指点，居然一下子就挖出了这久被埋没的桥基。这件事引起了很多人的惊讶。石桥修复后，当时一位有名的文学家元好问还特意为此写过一篇碑文。这时候，年轻的郭守敬已经能对地理现象做颇为细致的观察了。那一年，他刚刚二十岁。

郭荣为了让他孙儿开阔眼界、得到深造，曾把郭守敬送到自己的同乡老友刘秉忠门下去学习。刘秉忠精通经学和天文学。当时他为父亲守丧，在乡读书。郭守敬在他那儿得到了很大的教益。更重要的是，郭守敬在他那儿结识了一位好朋友王恂。王恂比郭守敬小四五岁，后来也是一位杰出的数学家和天文学家。这一对好朋友后来在天文历法工作中亲密合作，做出了卓越的贡献。

二、修水利初显才能

郭守敬在刘秉忠门下学习的时间不长。1251年，刘秉忠被元世祖忽必烈召进京城去了。刘秉忠离开邢台之后，郭守敬的行踪如何，史书上没有明白的记载。只知道后来刘秉忠把他介绍给了自己的老同学张文谦。1260年，张文谦到大名路（今河北省大名县一带）等地做宣抚司（管理地方行政的官署）的长官，郭守敬也跟着他一起去了。在那儿，他把少年时代试做过的莲花漏铸了一套正规的铜器，留给地方上使用。后来，元朝政府里的天文台也采用了这种器具。

郭守敬跟着张文谦到各处勘测地形，筹划水利方案，并帮助做些实际工作。几年之间，郭守敬的科学知识和技术经验更丰富了。张文谦看到郭守敬已经渐趋成熟，就在1262年，把他推荐给元世祖忽必烈，说他熟悉水利，聪明过人。元世祖就在当时新建的京城上都（今内蒙古多伦附近）召见了郭守敬。

郭守敬初见元世祖，就当面提出了六条水利建议。第一条建议修复从当时的中都（今北京）到通州（今通州区）的漕运河道；第二、第三条是关于他自己家乡地方城市用水和灌溉渠道的建议；第四条是关于磁州（今河北磁县）、邯郸一带的水利建设的意见；第五、第六条是关于中原地带（今河南省境内）沁河河水的合理利用和黄河北岸渠道建设的建议。这六条都是经过仔细查勘后提出来的切实的计划，对于经由路线、受益面积等项都说得清清楚楚。元世祖认为郭守敬的建议很有道理，当下就任命他为提举诸路河渠[①]，掌管各地河渠的整修和管理等工作，下一年又升他为银符副河渠使。

1264年（元世祖至元元年）张文谦被派往西夏（今甘肃、宁夏及内蒙古西部一带）去巡察。那里沿着黄河两岸早已修筑了不少水渠。宁夏地方（今银川一带）的汉延、唐来两渠都是长达几百里的古渠，分渠纵横，灌溉田地的面积很大，是西北重要的农业基地之一。当年成吉思汗征服西夏的时候，不知道保护农业生产，兵马到达的地方，水闸水坝都被毁坏，渠道都被填塞。这种情况，张文谦当然是知道的。他巡察西夏，一方面要整顿地方行政，另一方面也想重兴水利，恢复农业生产。所以他带了擅长水利的郭守敬同行。

郭守敬到了那里，立即着手整顿。有的地方疏通旧渠，有的地方开辟新渠，又重新修建起许多水闸、水坝。当地人民久旱望水，对这样具有切身利害关系的大事自然尽力支持。由于大家动手，这些工程竟然在几个月之内就完工了。开闸的那一天，人们望着那滚滚长流的渠水，心里是多么喜悦啊。

修完了渠，郭守敬就离开了西夏。在还京之前，他曾经逆流而上，探寻黄河的发源地。以往史书上虽也有些河源探险的记载，但都是些将军、使臣们路过这个地区，顺便查探，写下的一些记述，并不是特意进行的科学考察结果。有些记载只是从传闻得来，还不免失实。以科学考察为目的，专程来探求黄河真源的，要推郭守敬是第一个人。很可惜，郭守敬探查河源的结果没有记载流传下来。后来到了1280年，又有一位探险家都实奉元世祖之命专程前去考察河源。这次探索的经过记录在一部《河源记》的专著里，其中有着不少有价值的结果。毫无疑问，作为先驱的郭守敬的考察对于都实是有相当影响的。

1265年，郭守敬回到了上都。同年被任命为都水少监，协助都水监掌管河渠、堤防、桥梁、闸坝等的修治工程。1271年升任都水监。1276年都水监并入工部，他被任为工部郎中[②]。

注释：

①提举诸路河渠：是管理河渠的官名。

②工部：管理全国营造、工程修建及百工之事的官府。郎中是工部的高级官员。

三、巧制仪器观天文

我国是天文学发达很早的国家之一。西汉以后，国家天文台的设备和组织已经达到相当完善的地步。它的主要任务之一是编制历法。我国古代的历法，内容是十分广泛的。它包括日月运行及其位置的推算、逐年日历的编制、五大行星的位置预报、日食月食的预推，等等。历法关系到生产、生活甚至政治活动等很多方面。因此，历来对这项工作都是相当重视的。一种历法用久了，误差就会逐渐增大，因而需要重新修改。跟着每次重大的历法修改，总带来一些创造革新的进步，像基本天文数据的精密化、天文学理论的新成就或计算方法上的新发明，等等。历法的发展可说是中国天文学发展史中的一条主线。

元朝初年沿用当年金朝的“重修大明历”。这个历法是1180年（金世宗大定二十年）修正颁行的。几十年以来，误差积累日渐显著，发生过好几次预推与实际天象不符的事。再一次重新修改是迫切需要的事了。

1276年（至元十三年），元军攻下了南宋首都临安（今浙江杭州），全国统一已成定局。就在这一年，元世祖迁都到大都①，并且采纳已死大臣刘秉忠的建议，决定改订旧历，颁行元王朝自己的历法。于是，元政府下令在新的京城里组织历局，调动了全国各地的天文学者，另修新历。

这件工作名义上以张文谦为首脑，但实际负责历局事务和具体编算工作的是精通天文、数学的王恂。

当时，王恂就想到了老同学郭守敬。虽然郭守敬担任的官职一直是在水利部门，但他的长于制器和通晓天文，是王恂很早就知道的。因此，郭守敬就由王恂推荐，参加修历，奉命制造仪器，进行实际观测。从此，在郭守敬的科学活动史上又揭开了新的一章，他在天文学领域里发挥了高度的才能。

郭守敬首先检查了大都城里天文

台的仪器装备。这些仪器都是金朝的遗物。其中浑仪还是北宋时代的东西，是当年金兵攻破北宋的京城汴京（今河南开封）以后，从那里搬运到燕京[2]来的。当初，大概一共搬来了三架浑仪。因为汴京的纬度和燕京相差四度多，不能直接使用。金朝的天文官曾经改装了其中的一架。这架改装的仪器在元初也已经毁坏了。郭守敬就把余下的另一架加以改造，暂时使用。另外，天文台所用的圭表也因年深日久而变得歪斜不正。郭守敬立即着手修理，把它扶置到准确的位置。

这些仪器终究是太古老了，虽经过修整，但在天文观测必须日益精密的要求面前，仍然显得不相适应。郭守敬不得不创制一套更精密的仪器，为改历工作奠定坚实的技术基础。

古代在历法制定工作中所要求的天文观测，主要是两类。一类是测定二十四节气，特别是冬至和夏至的确切时刻，用的仪器是圭表；一类是测定天体在天球[③]上的位置，应用的主要工具是浑仪。

圭表中的“表”是一根垂直立在地面的标竿或石柱；“圭”是从表的跟脚上以水平位置伸向北方的一条石板。每当太阳转到正南方向的时候，表影就落在圭面上。量出表影的长度，就可以推算出冬至、夏至等各节气的时刻。表影最长的时候，冬至到了；表影最短的时候，夏至来临了。它是我国创制最古老、使用最熟悉的一种天文仪器。

这种仪器看起来极简单，用起来却会遇到几个重大的困难。

首先是表影边缘并不清晰。阴影越靠近边缘越淡，到底什么地方才是影子的尽头，这条界线很难划分清楚。影子的边界不清，影长就量不准确。

使用圭表时的第二个难题就是测量影长的技术不够精密。古代量长度的尺一般只能量到分，往下可以估计到厘，即十分之一分。按照千年来的传统方法，测定冬至时表影的长，如果量错一分，就足以使按比例推算出来的冬至时刻有一个或半个时辰[④]的出入。这是很大的误差。

还有，旧圭表只能观测日影。

星、月的光弱，旧圭表就不能观测星影和月影。

对这些困难问题，唐、宋以来的科学家们已经做过很多努力，始终没有很好地解决。现在，这些困难又照样出现在郭守敬的面前了。怎么办呢？郭守敬首先分析了造成误差的原因，然后针对各个原因，找出克服困难的办法。

首先，他想法把圭表的表竿加高到五倍，因而观测时的表影也加长到五倍。表影加长了，按比例推算各个节气时刻的误差就可以大大减少。

其次，他创造了一个叫作“景符”的仪器，使照在圭表上的日光通过一个小孔，再射到圭面，那阴影的边缘就很清楚，可以量取准确的影长。

再其次，他还创造了一个叫作“窥几”的仪器，使圭表在星和月的光照下也可以进行观测。

另外，他还改进量取长度的技术，使原来只能直接量到“分”位提高到能够直接量到“厘”位，原来只能估计到“厘”位的提高到能够估计到“毫”位。

郭守敬对圭表进行了这一系列的改进，解决了一系列的困难问题，他的观测工作自然就能比前人做得更好。

郭守敬的圭表改进工作大概完成于1277年夏天。这年冬天已经开始用它来测日影。因为观测的急需，最初的高表柱是木制的，后来才改用金属铸成。可惜这座表早已毁灭，我们现在无法看到了。幸而现在河南省登封市还保存着一座砖石结构的观星台，其中主要部分就是郭守敬造的圭表。这圭表与大都的圭表又略有不同，它因地制宜，就利用这座高台的一边作为表，台下用三十六块巨石铺成一条长十余丈的圭面。当地人民给这圭表起了一个很豪迈的名称，叫“量天尺”。

圭表的改进只是郭守敬开始天文工作的第一步，以后他还有更多的创造发明呢！现在就来谈谈他对浑仪的改进。

浑仪至迟在公元前二世纪就已由我国天文家发明了，唐、宋以来历代都有发展。它的结构完全仿照着当时在人们心目中反映出来的那个不断转动着的天体圆球。在这圆球里是许多一重套着一重的圆环。这些圆环有的可以转动，也有不能旋转的。在这些重重叠叠的圆环中间夹着一根细长的管子，叫作窥管。把这根细管瞄准某个星球，从那些圆环上就可以推定这个星球在天空中的位置。因为这个仪器的外形像一个浑圆的球，所以称为浑仪。它是我国古代天文仪器中一件十分杰出的创作。在欧洲，要到十六世纪左右，才有与我国北宋浑仪同样精细的仪器。

但是，这种浑仪的结构也有很大的缺点。一个球的空间是很有限的，在这里面大大小小安装了七八个环，一环套一环，重重掩蔽，把许多天空区域都遮住了，这就缩小了仪器的观测范围。这是第一个大缺点。另外，有好几个环上都有各自的刻度，读数系统非常复杂，观测者在使用时也有许多不方便。这是第二个大缺点。郭守敬就针对这些缺点做了很大的改进。

郭守敬改进浑仪的主要想法是简化结构。他准备把这些重重套装的圆环省去一些，以免互相掩蔽，阻碍观测。那时候，数学中已发明了球面三角法的计算，有些星体运行位置的度数可以从数学计算求得，不必要在这浑仪中装上圆环来直接观测。这样，就使得郭守敬在浑仪中省去一些圆环的想法有实现的可能。

郭守敬只保留了浑仪中最主要最必需的两个圆环系统；并且把其中的一组圆环系统分出来，改成另一个独立的仪器；把其他系统的圆环完全取消。这样就根本改变了浑仪的结构。再把原来罩在外面作为固定支架用的那些圆环全都撤除，用一对弯拱形的柱子和另外四条柱子承托着留在这个仪器上的一套主要圆环系统。这样，圆环就四面凌空，一无遮拦了。这种结构，比起原来的浑仪来，真是既实用，又简单，所以取名“简仪”。简仪的这种结构，同现代称为“天图式望远镜”的构造基本上是一致的。在欧洲，像这种结构的测天仪器，要到十八世纪以后才开始从英国流传开来。

郭守敬简仪的刻度分划也空前精细。以往的仪器一般只能读到1度的1/4，这简仪却可读到1度的1/36，精密度一下子提高了很多。这架仪器一直到清初还保存着，可惜后来被在清朝钦天监（掌管天文历法的官署）中任职的一个法国传教士纪理安拿去当废铜销毁了。现在只留下一架明朝正统年间（1436—1449年）的仿制品，保存在南京紫金山天文台。

郭守敬用这架简仪做了许多精密的观测，其中的两项观测对新历的编算具有重大的意义。

一项是黄道和赤道的交角的测定。赤道是指天球的赤道。地球悬空在天球之内，设想地球赤道面向周围伸展出去，和天球边缘相割，割成一个大圆圈，这圆圈就是天球赤道。黄道就是地球绕太阳做公转的轨道平面延伸出去，和天球相交所得的大圆。天球上黄道和赤道的交角，就是地球赤道面和地球公转轨道面的交角。这是一个天文学基本常数。这个数值从汉朝以来一直认定是24度，一千多年来始终没有人怀疑过。实际上这个交角年年在不断缩减，只是每年缩减的数值很小，只有半秒，短期间不觉得。可是变化虽小，积累了一千多年也就会显出影响来的。黄、赤道交角数值的精确与否，对其他计算结果的准确与否很有关系。因此，郭守敬首先对这沿用了千年的数据进行检查。果然，经他实际测定，当时的黄、赤道交角只有23度90分。这个是用古代角度制算出的数目。古代把整个圆周分成365又1/4度，1度分作100分，用这样的记法来记这个角度就是23度90分。换成现代通用的360°制[5]，那就是23° 33′ 23″.3。根据现代天文学理论推算，当时的这个交角实际应该是23° 31′ 58″.0。郭守敬测量的角度实际还有1′ 25″.3的误差。不过这样的观测，在郭守敬当年的时代来讲，那已是难能可贵的了。

另一项观测就是二十八宿[6]距度的测定。我国古代在测量二十八宿各个星座的距离时，常在各宿中指定某个星为标志，这个星称为“距星”。因为要用距星做标志，所以距星本身的位置一定要定得很精确。从这一宿距星到下一宿距星之间的相距度数叫“距度”。这距度可以决定这两个距星之间的相对位置。二十八宿的距度，从汉朝到北宋，一共进行过五次测定。它们的精确度是逐次提高的。最后一次在宋徽宗崇宁年间（1102—1106年）进行的观测中，这二十八个距度数值的误差平均为0°.15，也就是9′。到郭守敬时，经他测定的数据，误差数值平均只有4′.5，比崇宁年间的那一次降低了一半。这也是一个很难得的成绩。

在编订新历时，郭守敬提供了不少精确的数据，这确是新历得以成功的一个重要原因。

在改历过程中，郭守敬创造了近二十种仪器和工具。我们再介绍一件郭守敬独创的仪器，来看看他的技术成就。

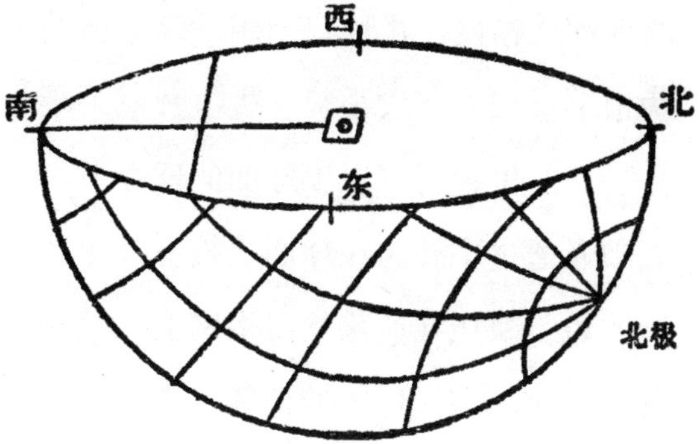

仰仪示意图

这件仪器是一个铜制的中空的半球面，形状像一口仰天放着的锅，名叫“仰仪”。半球的口上刻着东西南北的方向，半球面上刻着与观测地纬度相应的纵横线格网。半球口上用一纵一横的两根竿子架着一块小板，板上开一个小孔，孔的位置正好在半球面的球心上。太阳光通过小孔，在球面上投下一个圆形的像，映照在所刻的线格网上，立刻可读出太阳在天球上的位置。人们可以避免用眼睛逼视那光度极强的太阳本身，就看明白太阳的位置，这是很巧妙的。更妙的是，在发生日食时，仰仪面上的日像也相应地发生亏缺现象。这样，从仰仪上可以直接观测出日食的方向，亏缺部分的多少，以及发生各种食相的时刻，等等。虽然伊斯兰天文家⑦在公元十一世纪时就已经利用日光通过小孔成像的现象来观测日食，但他们只是利用一块有洞的板子来观测日面的亏缺，帮助测定各种食相的时刻罢了，还没有像仰仪这样可以直接读出数据的仪器。

王恂、郭守敬等同一位尼泊尔的建筑师阿你哥合作，在大都兴建了一座新的天文台，台上就安置着郭守敬所创制的那些天文仪器。它是当时世界上设备最完善的天文台之一。

由于郭守敬的建议，元世祖派了十四位天文家，到当时国内二十六个地点（大都不算在内），进行几项重要的天文观测。在其中的六个地点，特别测定了夏至日的表影长度和昼、夜的时间长度。这些观测的结果，都为编制全国适用的历法提供了科学的数据。这一次天文观测的规模之大，在世界天文学史上也是少见的。

经过王恂、郭守敬等人的集体努力，到1280年（元世祖至元十七年）春天，一部新的历法宣告完成。按照“敬授民时”的古语，取名“授时历”。同年冬天，正式颁发了根据《授时历》推算出来的下一年的日历。

很不幸，《授时历》颁行不久，王恂就病逝了。那时候，有关这部新历的许多算草、数表等都还是一堆草稿，不曾整理。几个主要的参加编历工作的人，退休的退休，死的死，于是，最后的整理定稿工作就全部落到了郭守敬的肩上。他又花了两年多的时间，把数据、算表等整理清楚，写出定稿。其中的一部分就是《元史·历志》中的《授时历经》。

在《授时历》里，有许多革新创造的成绩。第一，废除了过去许多不合理、不必要的计算方法，例如避免用很复杂的分数来表示一个天文数据的尾数部分，改用十进小数等；第二，创立了几种新的算法，例如三差内插公式[⑧]及合于球面三角法的计算公式等；第三，总结了前人的成果，使用了一些较进步的数据，例如采用南宋杨忠辅所定的回归年，以一年为365.2425日，与现行公历的平均一年时间长度完全一致。《授时历》是1281年颁行的；现行公历却是到1576年才由意大利人利里奥提出来的。《授时历》确是我国古代一部很进步的历法。郭守敬把这部历法最后写成定稿，流传到后世，把许多先进的科学成就传授给后人，这件工作，就称得起是郭守敬的一个大功。

王恂去世不久，郭守敬升为太史令[9]。在以后的几年间，他又继续进行天文观测，并且陆续地把自己制造天文仪器、观测天象的经验和结果等极宝贵的知识编写成书。他写的天文学著作共有百余卷之多。然而封建帝王元世祖虽然支持了改历的工作，却并不愿让真正的科学知识流传到民间去，把郭守敬的天文著作统统锁在深宫秘府之中。那些宝贵的科学遗产几乎全都被埋没了，这是多么令人痛惜的事！

注释：

①大都：元世祖下令在金朝京城中都的东北郊外建造大都城，这就是旧日所谓北京内城的前身。

②燕京：即今北京，当时是金朝京城中都的别称。

③天球：天文学名词。设想天形如球，所以叫“天球”。地球在天球的中心，日、月和许多星体都在它里面各占着一定的位置。

④时辰：古代分一日为十二个时辰。一个时辰合今两小时。

⑤1°（度）＝60′（分）＝

3600″（秒）。

⑥二十八宿：我国古代在黄道附近所选定的二十八个星座，有角、亢、氐、房等。每个宿（即星座）包有几个星，如角宿二星，亢宿四星，等等。

⑦古代亚洲西部信仰伊斯兰教各国的天文学相当发达。这里的“伊斯兰天文家”即指这些国家的天文学家。

⑧三差内插公式：是求取在一系列数中每两数间插入合于所设条件的许多数的计算公式。譬如1，2，3，4……一系列数中每两数间可以插入1.5，2.5，3.5……一系列数，这比较容易计算。在1^3，2^3，3^3，4^3……一系列数中每两数间可以插入怎样的一系列数目，那就不很容易了。郭守敬就创立了

关于这一类计算法的公式。

⑨太史令：掌管天文的官职，相当于现在的国家天文台台长。

四、让船舶驶入大都城

从八百多年前的金朝起，北京就成了国家的首都。元朝时候，它称为大都，更成为当时全国政治经济中心的大城市。

大都城内每年消费的粮食达几百万斤。这些粮食绝大部分是从南方产粮地区征运来的。为了便于运输，从金朝起，在华北平原上利用天然水道和隋唐以来修建的运河建立了一个运输系统。但由于自然条件的关系，它的终点不是北京，而是京东的通州，离京城还有几十里路。这段几十里的路程只有陆路可通。陆路运输要占用大量的车、马、役夫；一到雨季，泥泞难走，沿路要倒毙许多牲口，粮车往往陷在泥中，夫役们苦不堪言。因此在金朝时候，统治者就力图开凿一条从通州直达京城的运河，以解决运粮问题。

通州的地势比大都低，因此要开运河，只能从大都引水流往通州。这样，就非在大都城周围找水源不可。大都城郊最近的天然水道有两条：一条是发源于西北郊外的高梁河，另一条是水源从西南而来的凉水河。然而这两条河偏偏水量都很小，难以满足运河的水源需要。大都城往北几十里，有清河和沙河，水量倒是较大，却因地形关系，都自然地流向东南，成为经过通州的温榆河的上源。水量最大的还数大都城西几十里的浑河（今永定河）。金朝时候，曾从京西石景山北面的西麻峪村开了一条运河，把浑河河水引出西山，过燕京城下向东直注入通州城东的白河。但这条运河容纳了浑河水中携带来的大量泥沙，容易淤积。到夏、秋洪水季节，水势极其汹涌，运河极易泛滥。这样，运河对于京城反是一个威胁。开凿之后只过了十五年，就因山洪决堤，不得已又把运河的上游填塞了。这是一次失败的经验。

然而，陆运耗费的巨大，始终在促使着人们去寻求一条合适的水道。这个任务，到郭守敬的时候才得到完成。

郭守敬的开河事业也不是一开始就顺利进行的。他也经过了多次的失败，最后才找到了正确解决的办法。

金朝开挖的那条运河，正流经大都城城墙的南面。利用这条被废弃的运河，当然是最经济最简捷的办法。至少，大都城以东的那一段是完全可以利用的。因此，摆在郭守敬面前的问题就是如何解决这段运河的水源。

郭守敬提出的第一个方案就是他在1262年初见元世祖时所提出来的六条水利建议中的第一条。

在大都城的西北，有座玉泉山。玉泉山下迸涌出一股清泉。这股清泉流向东去，并分成南北两支。南面的一支流入瓮山（今万寿山）以南的瓮山泊（今昆明湖的前身）。又从瓮山泊东流，绕过瓮山，与北面的一支汇合，再向东流，成为清河的上源。郭守敬的计划是使进入瓮山泊的这支泉水不再向东，劈开它南面高地的障碍而引它向南，注入高梁河。高梁河的下游原已被金人拦入运河。这样，运河的水量就得到了补充。

当时，元世祖接受郭守敬的建议，下令实施这个计划。但是结果并不合于理想。因为引来增加水源的究竟只有一泉之水，流量有限，对于数额巨大的航运量仍难胜任。事实上，引来的泉水只够用来增加大都城内湖池川流的水量，对于恢复航运没有多大帮助。这又是一次失败的经验。

郭守敬仔细研究了这次失败的原因。显然，关键问题还是在于水量不足。他想：京郊河流中水量最大的是那条浑河，为什么不利用浑河的河水呢？三年以后，就在他从西夏回来以后的那一年，他提出了开辟水源的第二个方案。他认为可以利用金人过去开的河道，只要在运河上段开一道分水河，引回浑河中去；当浑河河水暴涨而危及运河时，就开放分水河闸口，以减少进入运河下游的水量，解除对京城的威胁。这算是个一时有效的办法。所以说“一时有效”，那是因为这里还有个泥沙淤积问题，日子一久还是要出岔子的。看来，郭守敬也考虑到了这一点，所以他并没有在运河上建立闸坝，因为闸坝会阻碍泥沙的冲走。但是接着又发生了一个他所估计不足的问题。原来从大都到通州这段运河的河道，虽不如大都以上一段那样陡峻，但那坡度却仍然是相当大的。河道坡度大，水流就很急，没有水闸的控制，巨大的粮船自然无法逆流而上。结果，这条运河在1276年开成以后，只能对两岸的农田灌溉以及从西山砍取木材的顺流下送，起相当的作用；至于对大都运粮，还是无济于事。

两次工程都没有达到预期的效果。郭守敬并没有灰心，却更深入细致地分析了两次失败的原因。他认识到过去的设计思想带有颇大的片面性，今后的计划必须把水量、泥沙及河道坡度等种种因素结合起来，做一个通盘的考虑。在以后的几年中，他仔细地勘测了大都城四郊的水文情况和地势起伏。只是后来他被调去修历，才把运河工程的规划搁了下来。

1291年（至元二十八年），有人建议利用滦河、浑河作为向上游地区运粮的河道。元世祖一时不能决断，就委派正在太史令任上的郭守敬去实地勘查，再定可否。郭守敬探测到中途，就发觉这些建议都是不切实际的。他乘着报告调查结果的机会，同时向政府提出了许多新建议。他这许多建议中的第一条就是大都运粮河的新方案。

这个经过实地勘测、再三研究而

提出的新方案，仍然利用以前他那个试行方案中凿成的河道，但是要进一步扩充水源。扩充的办法是把昌平地方神山（今凤凰山）脚下的白浮泉水引入瓮山泊，并且让这条引水河在沿途拦截所有原来从西山东流入沙河、清河的泉水，汇合在一起，滚滚而下。这样一来，运河水量可以大为增加。这些泉水又都是清泉，泥沙很少，在运河下游可以毫无顾虑地建立一系列控制各段水位的闸门，以便粮船平稳上驶。

这是个十分周密的计划。元世祖对它极为重视，下令重设都水监，命郭守敬兼职领导，并且调动几万军民，在1292年（至元二十九年）春天，克日动工。

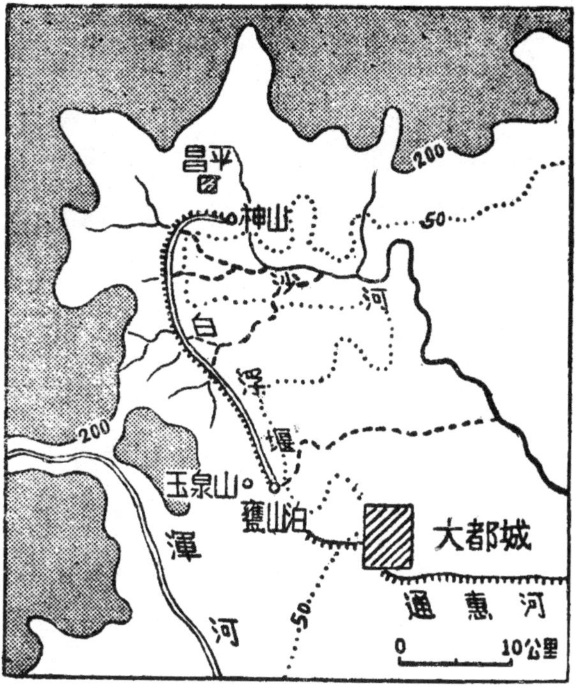

通惠河示意图

这条从神山到通州高丽庄，全长一百六十多华里的运河，连同全部闸坝工程在内，只用了一年半的时间，到1293年秋天就全部完工了。当时，这条运河起名叫通惠河。从此以后，船舶可以一直驶进大都城中。那时大都城里作为终点码头的积水潭（今此潭还在，只是已经淤缩成一个小池潭了）上，南方来的粮船云集，热闹非常。这样，非但解决了运粮问题，而且还促进了南货北销，进一步繁荣了大都城的经济。

从科学成就上来讲，这次运河工程的最突出之点是在于从神山到瓮山泊这一段引水河道的路线选择。

从神山到大都城的直线距离是六十多华里。白浮泉发源地的海拔①约六十米，高出大都城西北角一带最高处约十米。看起来，似乎完全可以沿着这条最短的直线路径把水引过来。但实际上这条直线所经地区的地形不是逐渐下降的。由沙河和清河造成的河谷地带，海拔都在五十米以下，甚至不到四十五米，比大都城西北地带的地势都低。如果引水线路取直线南下，泉水势必都将顺着河谷地带一泻东流，无法归入运河。郭守敬看到这一点，所以他所选定的线路就不是直通京都的。他先把白浮泉水背离着东南的大都引向西去，直通西山山麓，然后顺着平行山麓的路线，引往南来。这样，不但保持了河道坡度逐渐下降的趋势，而且可以顺利地截拦、汇合从西山东流的众多泉水。从后来通航的事实证明，舍弃那条直线，采取这条迂回西山下的线路，确是十分合理的。要知道，在六十多华里长的路程上，仅仅几米的高低起伏，那实在是非常微小，不是人眼所能直接看出的。从这取舍之间，可以看出郭守敬对大都城和它四周地区的地形测量，是下过很深的功夫的。

注释：

①海拔：地理学名词，指陆地和山陵高出海面的尺度。

五、晚年的声望

通惠河开通以后，郭守敬一直兼任天文和水利两方面的领导工作。

1294年，他升任知太史院事[1]。但是关于水利方面的工作，当时政府仍经常要征询他的意见。

1298年（元成宗大德二年），政府决定在上都附近开一道渠，元成宗召郭守敬去商议。郭守敬就去当地查勘了地形，了解了雨量情况，发现这条河道近山，所经地区的年雨量虽不多，却很集中，大雨连日的时候山洪非常凶猛。他认为，纵然河道平时的流量不大，河道本身也一定要宽达五十到七十步[2]。当时主管其事的官员目光短浅，认为郭守敬把雨季的流量估计得太大，处理这事太小心了，竟把郭守敬所定的宽度削减了三分之一。河渠开通的下一年，一到大雨时节，山洪顺河直冲下来，河身狭窄，容纳不下洪水，两岸泛滥成灾，漂没了人、畜、篷帐不计其数，几乎冲毁了元成宗的行宫。元成宗被迫北迁避水时，想起了郭守敬去年的预言，不由得对左右叹道："郭太史真是神人哪。可惜没有听他的话！"

从此以后，郭守敬的声望更加高了。1303年，元成宗下诏，说凡是年满七十岁的官员都可以退休，独有郭守敬，因为朝廷还有许多工作都要依靠他，不准他退休。

元成宗之后，元朝政权迅速腐朽，统治集团内部斗争日益剧烈，生活上穷奢极欲，荒唐到极点，把元世祖时代鼓励农桑的这点积极因素抛弃净尽了。在这种情况下，郭守敬的创造活动自然也受到极大的限制。同他当时不断提高的名望相对照，他晚年的创造活动不免太沉寂了。除了在1298年建造了一架天文仪器——灵台水浑以外，就再没有别的重大创制和显著表现了。可以设想，如果他晚年能够有较好的社会政治条件，可能还有更大的贡献哩。

1316年（元仁宗延祐三年），为

祖国的科学事业辛劳了六十多年的郭守敬去世了，享年八十六岁。

注释：

①知太史院事：官位在太史令之上，是太史院的最高长官。

②步：我国旧制，五尺为一步。元代一尺的长度同现代一市尺差不多。

六、多方面的成就

郭守敬一生的科学创造相当丰富。除去在天文和水利两方面之外，还有许多杰出的发明和创造。可以说，他是个多方面的科学家。

郭守敬建造过一架七宝灯漏。这件器具是悬挂在一条梁架上的，形状好像一只灯球。实际上这是一台用水力推动的、相当复杂的机械报时钟。到了一定的时刻，灯漏里会有木人抱着时辰牌出来报时，还有个木人按时指明是几时几刻；每到正时、正刻，就有木人敲钟打鼓。更有趣的是灯漏里有个小型的舞台，舞台上蹲着龙、虎、鸟、龟等四个动物模型；到了一定的时刻，这些动物纷纷起舞，非常灵活。前面提到过的灵台水浑是一架用水力推动的天球仪，它可以表现天空中星辰的周旋转动。太阳、月亮的东升西落，在星空中运动的情景，可以在这仪器中看得清清楚楚。他在简仪中曾运用滚柱来减少仪器运转中的摩擦阻力，这也是一种新创的装置。凡此种种，都证明郭守敬在机械技术方面有很高的才能。

郭守敬也是一位出色的地理学家。他的水利工程设计，都是以他自己实际的地理勘测资料为基础的。他曾在巡视河北、山东河道时，对黄河附近一带几百里的区域进行过细致的地形测量，绘制成一幅幅的地图。他曾经以海平面为标准，来比较大都和汴梁（今开封）地形的高低之差。这是地理学中一个重要概念——“海拔”的创始。至于他在通惠河上游河道路线选择中所表现的地形测量的精确性，直到今天还引起学者们的惊叹和赞赏。

最后，我们应当提到他在数学和物理学领域内深厚的修养。《授时历》中许多数学公式是我国数学史上的重要发明，而这些公式全靠郭守敬的整理，才能流传到现在。如果他没有广博而深入的物理知识，那些天文仪表和各种奇器是绝对创制不出来的。

总之，可以说，郭守敬是我国古代发明创造最多的科学家之一。他的创造大多具有精密、灵巧、简捷、易于掌握等种种特点。

郭守敬的确做出了许多光辉的创造，但是由于他所处时代的历史条件和他的阶级地位，也不可避免地会有某些消极的东西。比如，他曾经编纂过几种讲述如何推算黄道吉日之类的书。占凶卜吉，本是太史院的例行公事，作为太史令的郭守敬，自也很难规避。不过，这总是一种加深迷信毒害的行动。

尽管郭守敬一生的思想行动上不免有消极的一面，但是我们应该看到，他对我国古代科学发展有很大的贡献，是我国历史上一位光辉的科学家。

出版说明

“新编历史小丛书”承自20世纪60年代吴晗策划的“中国历史小丛书”，其中不少名家名作已经是垂之经典的作品，一些措辞亦有写作伊初的时代特征。为了保持其原有版本风貌，再版过程中不做现代汉语的规范化统一，读者阅读时亦可从中体会到语言变化的规律。

“新编历史小丛书”编委会

图书在版编目（CIP）数据

郭守敬 / 薄树人著. -- 贵阳：贵州人民出版社，2023.12

（新编历史小丛书. 人物）

ISBN 978-7-221-18088-9

Ⅰ. ①郭… Ⅱ. ①薄… Ⅲ. ①郭守敬（1231-1316）-传记 Ⅳ. ①K826.1

中国国家版本馆CIP数据核字(2023)第211095号

新编历史小丛书 · 人物

郭守敬

GUO SHOUJIN

薄树人 ◎著

出 版 人　朱文迅
责任编辑　唐　博
装帧设计　陈　电
责任印制　蔡继磊

出版发行　北京出版集团　文津出版社
　　　　　贵州出版集团　贵州人民出版社
地　　址　贵阳市观山湖区中天会展城会展东路SOHO公寓A座
印　　刷　贵州新华印务有限责任公司
版　　次　2024年2月第1版
印　　次　2024年2月第1次印刷
开　　本　880 mm × 1230 mm　1/32
印　　张　2.5
字　　数　20千字
书　　号　ISBN 978-7-221-18088-9
定　　价　18.00元